$\overset{27}{L}$n 20071.

PRÉCIS

DE LA CONDUITE

DE François-René-Marie VARSAVAUX,

L'un des 132 Nantois envoyés, & détenus à Paris.

» N'existât-il dans toute la république qu'un seul
» homme vertueux persécuté par les ennemis de la
» liberté, le devoir du gouvernement seroit de le
» chercher avec inquiétude. . . . . . .

    » MAXIMILIEN ROBESPIERRE. — *Rapport à*
    » *la Convention, 18 pluviôse, l'an II. de la*
    » *république.*

1788.

MON attachement inaltérable aux intérêts du peuple, mon aversion reconnue contre les castes ennemies de la liberté, & autres suppôts du despotisme, mes principes manifestés sur l'odieux régime de la féodalité, me firent, en 1788, appeler, par la majorité de mes concitoyens, au nombre des douze députés qui oserent se rendre de Nantes à Paris pour réclamer quelques parties des droits enlevés à ceux

A

des Français que, dans ces tems d'esclavage, on désignoit par la qualification de roturiers. — Resté, pendant près de sept mois, tant à Paris qu'à Versailles, par suite de cette députation, & muni de ses pouvoirs, je fus, avec l'un de mes collegues, & autres envoyés des communes de la ci-devant Bretagne, chargé, par le ci-devant tiers-état, alors rassemblé aux états à Rennes, de demander & d'obtenir le redressement de ses nombreux griefs contre les nobles & le clergé.

1789.

Peu de tems après mon retour à Nantes, en 1789, il s'éleva de sérieuses difficultés entre les campagnes & la ville, sur le nombre respectif des députés à nommer à l'assemblée nationale; les campagnes étoient infectées par l'aristocratie & ses agens; il falloit déjouer leurs intrigues, éviter leurs menées : je fus, par la commune de Nantes, renvoyé à Paris, à l'effet de faire régler & déterminer le nombre des députés que, de part & d'autre, on auroit le droit d'élire.

Toute mon ambition se bornoit au desir d'être utile à la chose publique, & je savois que les seuls rôles auxiliaires convenoient à mes forces; je fus, successivement, appellé au bureau de correspondance, alors si recommandable par son dévouement à la révolution; au comité permanent établi près l'ancienne municipalité, pour en diriger ou rectifier les opérations. — Je fus nommé membre de la municipalité, provisoirement formée pour remplacer l'ancienne.

1790.

Je fus élu officier de la premiere municipalité constitutionnelle.

Pendant mon exercice dans ces différentes administrations, je fus envoyé à Paris pour affaires concernant l'intérêt public, & celui particulier de la commune. Je fus envoyé à Angers & autres endroits, pour les subsistances. Mon dévouement au bien général, & au desir de voir la révolution s'opérer, me porterent à ne jamais refuser les missions dont en diverses circonstances je fus chargé. Dans ces tems il fallut, sans cesse, surveiller, s'opposer aux cabales de l'aristocratie, prévenir ou arrêter les mouvemens, les soulevemens suscités, dans le dessein perfide de porter une partie des citoyens contre la cause du peuple, leur propre cause : il fallut éclairer la marche des officiers de troupes de ligne & des agens du despotisme ; partout, & dans toutes les occasions, on me vit dans le nombre des patriotes qui s'attacherent, avec zele & ardeur, à renverser leurs projets. Pendant ces tems se formerent les sociétés populaires, & je fus l'un des premiers signataires, l'un de ceux qui travaillerent à leur établissement. Tous mes jours, je l'affirme avec preuves authentiques, furent marqués par le plus entier dévouement à la révolution, & employés, je le dis avec certitude, à mériter la haine de ses ennemis; haine dont ils m'ont en bien des occasions donné des marques, & qu'ils m'ont imperturbablement conservée. Ces vérités sont & seront attestées.

1791 & 1792.

En 1791, rentré dans le nombre des administrés, je fis personnellement dans la garde-nationale le service pour lequel je m'étois jusques-là fait remplacer en payant. Depuis cette époque j'ai suivi, avec le même attachement, la marche des bons & vrais patriotes: je me suis, de toute mon ame, intéressé aux mouvemens révolutionnaires qui ont par gradation brisé tous les obstacles opposés à la liberté gravissante, mais désormais, & pour toujours, assise sur l'inébranlable Montagne. Il n'est point de serment fait ou renouvellé, pour le maintien & la prospérité de la république, que je n'aye publiquement & dans mon cœur prononcé : il n'est aucun des devoirs du citoyen que je n'aye rempli, lorsque je n'ai pas été détenu par la maladie; les certificats des administrateurs, ceux que j'ai reçu de la part des républicains, en font preuves.

En 1791 & 1792, tems où beaucoup de gens ne vouloient point acquérir, sur-tout des biens de cures & de ci-devant chapitres, j'achetai tous ceux qui compofoient le pourpris de la cure de Blain, lieu de ma naiffance ; & j'achetai à Nantes un domaine dépendant de la ci-devant cathédrale. Pendant les différens féjours que j'ai faits à Blain, j'y ai donné l'exemple du dévouement à la chofe publique; dans le lieu même des féances du diftrict & devant plufieurs, je démontrai, je prouvai & reprochai à deux vicaires réfractaires de cet endroit, la perfidie de leur conduite. A Blain je courus le rifque d'être victime de la noirceur d'un ariftocrate, qui, de nuit, attenta à ma vie. Ces vérités font connues par les adminiftrations & les patriotes de ce pays. En 1792, j'ai eu la fatisfaction de voir, chez moi, à ma table & chez mes amis, plufieurs commiffaires du pouvoir exécutif qui font venus à Nantes, & de leur témoigner mon dévoument dans le tems même où ils rencontrerent quelques contradicteurs.

1793.

Ai-je befoin de dire que j'acceptai la conftitution républicaine ? Mes amis, tous les patriotes qui me connoissent, savent & attesteront que depuis long-tems j'avois formé des vœux pour cette constitution, que je desirois pour le bonheur public, & que particulierement je considérois comme la sauve-garde des citoyens qui, dès le principe & sans intervalle, s'étoient ainsi que moi prononcés contre les castes liberticides & leurs adhérans : ils savent, comme les administrateurs qui furent mes collegues, & avec eux ils attesteront, quels furent mes sentimens & ma conduite à l'époque où le tyran voulut, par l'appareil des armes, soumettre à son arbitraire volonté l'assemblée nationale, ou la dissoudre : — à l'époque où un horrible édifice, symbole du despotisme, fut anéanti, pulvérisé, par les vainqueurs des satellites qui voulurent en défendre les murailles : — à l'époque où le peuple, usant de son pouvoir, conduisit & fixa le tyran dans l'enceinte de Paris, sous l'œil de la surveillance nationale : — & à l'époque où il voulut s'évader de la France, dans le dessein perfide d'empêcher qu'elle pût échapper à l'esclavage. Mes amis, tous les patriotes qui me connoissent savent & attesteront que mes sentimens furent ceux des hommes dévoués à la révolution, lorsque les parisiens parvinrent à neutraliser le despotisme, en écrasant les monstres qu'il avoit déchaînés pour la destruction du peuple & de ses représentans : ils savent & attesteront que mes opinions, mes sentimens furent les leurs, ceux d'un bon & franc républicain, à l'époque où, pour toujours plongée dans le néant, la tyrannie fit place au regne inébranlable de la liberté.

En 1793, j'eus la satisfaction de voir chez moi, chez mes amis, les représentans actuels de ma connoissance, qui vinrent à Nantes, & de leur marquer mon dévouement.

Ma santé trop affoiblie ne pouvant me permettre de servir utilement dans l'infanterie, j'avois été admis dans la garde à cheval. Avant & depuis le moment fatal de la rebellion, j'ai servi dans cette garde, & je m'y suis conformé avec exactitude à tous les ordres militaires qui m'ont été donnés, soit pour les sorties, soit pour la sûreté de l'intérieur. Dans les premiers tems de cette funeste rebellion, accompagnant le citoyen Guillemette, adjudant, du côté du poste de Rennes, où les brigands tirailloient à tous instans, nous nous emparâmes de l'un de ces misérables, dont l'expédition subite fut, on peut le dire, une des causes de la tranquillité qui se rétablit & qui s'est maintenue dans la partie du nord de la Loire. Depuis ce tems j'ai retiré chez moi plusieurs patriotes forcés à l'abandon de leurs foyers par les ennemis de la liberté, & j'ai partagé avec eux tous mes moyens d'exiftence. Peu de tems avant mon incarcération, l'un de ces patriotes, qui habite depuis plus de huit mois avec ma famille, arrêta un brigand qui avoit eu l'impudence de fe faufiler à Nantes comme réfugié : feul il conduifit ce fcélérat aux prifons, d'où il n'eft forti que pour l'expiation de fes crimes.

Au mois d'avril 1793, fe manifefta la maladie dont j'avois, depuis le mois de décembre précédent, reffenti les atteintes. Ne pouvant alors autre chofe, pour marquer mon defir, & remplir mon vœu de contribuer à la défenfe de la République, je donnai mon cheval & fon équipage, objets defquels, vu la rareté des chevaux, & fur-tout de ceux dreffés au fervice, j'avois refufé un très-haut prix. En vendémiaire dernier, (ou feptembre, vieux ftyle) ma fanté devint moins mauvaife ; j'obtins la permiffion de me rendre en campagne pour me retablir ; les certificats des officiers de fanté, les certificats militaires, fe préfentent à l'appui de ces vérités que j'expofe. J'obferverai que dès que je commençai à être mieux, j'en prévins le commandant de ma feƈtion, afin d'être employé auffi-tôt que je ferois en état de fervir.

Mes premiers foins, à mon retour de la campagne, furent de m'occuper des recherches & de l'ordre à rétablir dans mon cabinet pour me conformer à la loi. J'avois demandé aux citoyens Lambert & Sauvaget, notaires, la marche que j'avois à tenir à ce sujet : ce fut pendant le tems où je m'occupois à la suivre, peu après mon arrivée de la campagne, que, victime de l'aversion, de la jalousie de quelques individus, que poursuivi par quelques ennemis secrets des vrais patriotes, ou par des gens qui travestissent en sentimens contre-révolutionnaires, le mépris qu'ils ont fait naître, & qu'ils ont mérité ; ce fut pendant ce tems que, sans pouvoir en connoître d'autres motifs, je fus enlevé à mon épouse, généralement connue par son patriotisme, à mes enfans élevés dans les principes républicains, à mes amis qui, tous libres, & méritant à tous titres de l'être, sont, je l'affirme sans craindre le démenti, les plus zélés partisans de la liberté, les citoyens les plus dévoués à la république & aux représentans qui l'ont fondée. Je défie qui que ce soit au monde de dire qu'en aucun tems, j'aye eu la plus légere liaison, la plus simple correspondance avec des gens suspects ; les ennemis de la révolution, les ennemis de la république se gardent d'approcher ceux qui, ainsi que moi, ont toujours fui & détesté leur présence. — Je défie qui que ce soit au monde de dire qu'on a trouvé ma signature apposée sur des pétitions royalistes, fanatiques, fédéralistes ou autres; jamais on ne l'a trouvée, jamais on ne la trouvera à la suite d'écrits condamnables : mon aversion contre ceux qui en font, ou en feront les auteurs, est & sera toujours profonde.

Tant que j'ai professé le notariat, je le dis avec assurance & vérité, je me suis comporté avec honneur, délicatesse & probité. Jamais le citoyen peu aisé ne m'a payé pour mon travail : je n'ai de la vie reçu d'un indigent, même mes débourfés ; des défenseurs de la patrie, je n'ai jamais reçu autre chose que la satisfaction que j'ai éprouvée en m'occupant pour eux.

S'il étoit possible d'appeller les soldats républicains qui ont vécu chez moi, on sauroit de tous que je vivois avec eux en frère, comme ami ; on sauroit que ma bourse étoit au service de ceux qui avoient quelques besoins ; on sauroit que pendant ma maladie, mes armes, mes pistolets étoient à leur disposition lorsqu'ils alloient en expédition. — Pendant que j'ai exercé, comme notaire, jamais il n'est émané de mon cabinet un contrat, un acte susceptible de la moindre répréhension. Personne, je l'ose dire, n'auroit osé s'y présenter pour en faire rapporter de pareils. Toutes ces vérités que j'attefte, font & feront appuyées des preuves les plus constantes ; j'offre de les administrer.

Je ne parlerai point ici des dons patriotiques que j'ai faits, de mes contributions volontaires pour la guerre, pour les subsistances, pour l'équippement, habits & souliers des troupes républicaines, de la somme que je donnai au jeune homme travaillant chez moi, parti l'un des premiers pour les frontieres, de celles que j'ai données pour le soulagement des patriotes réduits à l'abandon de leurs foyers, du sacrifice que j'ai fait de ce qui m'étoit dû & alloué pour remboursement de mes frais & dépenses durant le cours de ma députation en 1788, du payement par avance pour 1793 de mes impôts, de mes dépenses pour un vieillard infirme & malheureux que j'ai nourri & secouru pendant plus de cinq ans, jusqu'en 1791. Je ne parlerai pas de beaucoup d'autres sacrifices que j'ai faits au desir de coopérer au bien public ; je n'en ai jamais laissé passer l'occasion, & jamais je n'ai calculé l'offrande sur la modicité de mes moyens.

J'ai dit publiquement, & j'ai fait dans toutes les circonstances de ma vie depuis 1788, tout ce qui a été en mon pouvoir pour le succès de la révolution ; j'ai dit & j'ai fait tout ce que l'attachement le plus véritable à la liberté m'a inspiré pour la prospérité du gouvernement républicain.

Quelle peut donc être la cause pour laquelle j'ai

été livré au malheur indicible d'être traité comme doivent l'être les seuls ennemis de la république, pour être privé de la liberté, pour être successivement lié, transféré de prisons en prisons, de cachots en cachots ? Cette cause ne peut avoir, je le répete, d'autres principes que la calomnie, l'aversion injuste de quelques individus, la méchanceté souterraine de gens enveloppés sous le masque du civisme. Si elle a pour principe une erreur sur mon compte, combien cette erreur n'est-elle pas cruelle ? De tous les maux qu'elle m'a fait éprouver, de tous les coups qu'elle m'a porté, le plus affreux est celui de m'avoir fait sortir du rang des patriotes, rang duquel, je le jure, je ne me suis pas, depuis 1788 & 1789, un seul instant écarté. Cette vérité, à l'appui de laquelle je desire qu'on exige tous les genres de preuves, cette vérité m'autorise à dire que la religion des citoyens chargés de la censure, & de la surveillance, a été trompée, surprise à mon égard. Ainsi que tous mes concitoyens, ils ont été témoins de ma conduite publique depuis 1788 ; elle a été telle que, lors de mon arrestation, je me crus fondé à espérer qu'ils se feroient portés à me demander le compte que je leur fis offrir, & que je desirois leur rendre, de ma conduite privée sur tous faits & articles.

Je souhaite qu'on l'exige, ce compte, depuis 1788 jusqu'au jour où, dans les prisons d'Angers, quoique malade, je souscrivois de tout mon cœur, avec plusieurs Nantois, une pétition tendante à être placés à l'endroit de la ville le plus vivement attaqué, sous promesse de nous réintégrer aussi-tôt la défaite des rebelles; jusqu'à ce jour où, pour comble d'ignominie, confondus dans ces prisons avec les brigands, qui, en y entrant, disoient que la ville ne pouvoit tenir contre leur nombre, nous n'eûmes de consolation qu'en jurant en leur présence, que nous nous ferions égorger plutôt que de tomber aux mains de leurs infâmes chefs.

Je souhaite qu'on l'exige, ce compte de ma conduite depuis 1788, dont ici je ne peux tracer qu'une idée générale; c'est alors qu'on verra que je suis digne de l'intérêt des patriotes, des vrais républicains qui, je l'ose attendre, se feront un devoir sacré de défendre en moi leur semblable, aux prises avec la calomnie la plus atroce, ou l'erreur la plus cruelle répandue sur sa conduite.

Je demande au nom de l'équité, au nom du patriotisme, à être rétabli dans l'opinion publique. En recouvrant les titres de patriote & de républicain, que je n'ai jamais cessé de mériter, je regarderai les chagrins, les maux que j'ai soufferts, comme un songe dissipé par la réalité du bonheur de vivre ou de mourir pour la prospérité & la défense de la République une & indivisible.

Vingt-deux pluviôse, l'an II. de la république.

VARSAVAUX, *avec offre de toutes les preuves relatives aux vérités contenues au présent.*

ÉTAT INDICATIF

Des pieces & certificats au soutien du Précis, depuis 1788, de la conduite de VARSAVAUX, *patriote de Nantes, détenu à Paris.*

IL observera que plusieurs pieces aussi honorables qu'intéressantes pour lui, vu qu'elles constatent son dévouement au bien public & les sacrifices qu'il a faits pour y coopérer, se trouvent sous le scellé dans son cabinet.

Du 20 avril 1789. — Témoignages de la bienveillance & de la gratitude de la commune de Nantes, consignés dans un extrait de registres délivré par Rignolet, commis en chef au bureau des actes publics, le 13 ventôse dernier, légalifé le même jour par les adminiftrations.

Nota. Les regiftres de la municipalité comportent plufieurs arrêtés, qui atteftent fon dévouement à la révolution & fon zele pour le bien général.

17 décembre 1790. — Arrêté de la municipalité concernant le rembourfement des frais & dépenfes de Varfavaux, pendant fa députation à Paris en 1788, objet paffé & alloué dans le premier compte imprimé de cette adminiftration, montant à plus de 2000 livres, dont il a fait don à la patrie. Cet arrêté, délivré le 16 ventôfe, eft légalifé par les adminiftrations.

Extrait des regiftres du département, qui conftate la délivrance en 1793, de fon certificat de civifme, (piece fous le fcellé) ledit extrait légalifé par les adminiftrations.

Certificat de la conduite patriotique & révolutionnaire de Varfavaux, par la fociété populaire de Blain, chef-lieu de diftrict, lieu de fa naiffance, où il a fréquemment réfidé en 1791 & 1792. — Ledit certificat délivré, féance tenante, les 12 & 13 ventôfe dernier, duement légalifé.

Cinquante-fix républicains, connus par leur

patriotifme, attefterent fa conduite depuis 1788, par acte du tridi de la troifieme décade de brumaire dernier. — Cet acte renouvellé depuis les fcrutins, a été remplacé par un acte de même genre, en date du 9 ventôfe : ce dernier eft figné par foixante-dix-fept républicains, il l'auroit été de deux cens s'il eût fallu; on dit plus, on eft certain que la majorité des patriotes les plus prononcés, répondront du civifme & du patriotifme de Varfavaux, fi la vérité n'eft pas arrêtée fur leurs levres, parla crainte & l'effroi d'un fort pareil à celui qui accable, en lui, leur égal en républicanifme.

Certificat de l'infcription de Varfavaux au juri, pour 1793, délivré par le fecrétaire du diftrict. — *Voyez* page 7 de l'acte de dépôt ci-joint. Cette piece eft légalifée par les adminiftrations.

Certificat des officiers de fanté, relativement à la maladie dont il fut atteint en avril 1793 ; maladie qui fe perpétua jufqu'en feptembre fuivant, & des fuites de laquelle il n'eft pas exempt. *Voyez* page 8 de l'acte du 2 ventôfe.

Certificat des fervices de Varfavaux dans la garde-nationale par fes officiers & l'état-major, portant preuve du don qu'il fit de fon cheval, lorfqu'il fut jugé par les officiers de santé qu'il ne feroit de long-tems en état de reprendre le service.

Certificat par le second capitaine & le sous-lieutenant de sa compagnie, absens, lors du premier qui fut donné, portant même attestation. *Voyez* page 7 de l'acte de dépôt du 2 ventôse.

Certificat du capitaine de la 4ᵉ. compagnie du bataillon de l'Egalité, portant que, lors de sa convalescence, Varsavaux se rendit chez lui pour l'en prévenir, afin d'être employé aussi-tôt qu'il pourroit servir. Ce certificat, attesté par le commandant de la garde-nationale, est comme ceux ci-dessus légalisé par les administrations.

Duplicata de la quittance d'un à-compte à ses impositions, payé par avance pour 1793, portant en marge le certificat du payement de toutes ses impositions quelconques antérieures à 1793. (La premiere quittance est sous le scellé).

Duplicata de la quittance d'une somme de 600 liv., par lui donnée pour son don patriotique. (La premiere se trouve sous le scellé).

Récépissé de huit paires de souliers, 56 liv., pour envoi aux frontières. *Voyez* folio premier, verso de l'acte du 2 pluviôse précité.

1793. — Récépissé d'une somme de 60 liv. pour contribution aux frais de la guerre. *Voyez* page 6 de l'acte susdit.

1793. — Récépissé d'un sabre de 21 liv. pour même objet. *Voyez* page 6 de l'acte susdit.

1793. — Récépissé d'une somme de 50 livres pour le recrutement des troupes républicaines. *Voyez* page 6 de l'acte susdit.

1793. — Récépissé d'une somme de 160 livres pour deux habillemens uniformes, pour les frontieres. *Voyez* page 6 de l'acte précité.

1793. — Don fait par Varsavaux du cheval lui appartenant, avec son équipage, objets desquels, vû la rareté des chevaux, & sur-tout de ceux dressés au service, il avoit refusé plus de 1200 livres : vérité dont on a les preuves.

Le récépissé d'une somme de 300 livres, par lui donnée au jeune homme travaillant chez lui, parti pour les frontieres, étant sous le scellé, pour y suppléer ; ci-joint un certificat légalisé par les administrations.

Récépissé du 12 juin 1793 de la somme de 130 livres, par lui donnée pour le soulagement des patriotes forcés par les brigands à l'abandon de leurs foyers. *Voyez* folio 2, recto de l'acte du 2 ventôse.

1793. — Certificat portant qu'il a donné afyle à plufieurs de ces patriotes, avec lefquels il a partagé les moyens d'exiftence de fa famille ; l'un d'eux demeure chez lui depuis plus de huit mois. — Ce certificat eft légalifé par les adminiftrations.

Certificat par un vieillard, portant qu'il l'a nourri & fecouru pendant plus de 5 ans, jufqu'en 1791. — Légalifé par les adminiftrations.

Il a, pendant la même année, donné 100 livres à une famille réduite à la mifere ; il a contribué pour les fubfiftances ; il a dans tous les genres excédé fes moyens pour coopérer au bien public & à celui de l'humanité. — Ces preuves écrites & connues font fous le fcellé.

En fe rappellant tous les facrifices de fon tems, de fon état, de fes moyens pécuniaires, au defir de coopérer au bien général, tant en 1788, 1789, que pendant fon exercice dans les fonctions publiques, jufqu'à la fin de 1791 ; en comparant ces facrifices au revenu de fon travail & à l'état qu'il donnera de fa fortune réunie à celle de fa femme, on verra qu'il eft peu de citoyens, qui ayent en proportion de leur état & de leur fortune, fait autant de facrifices que Varfavaux au bien public. En lifant fon mémoire, fur lequel il offre tous les

(20)

genres de preuves qu'on exigera, on se convaincra de la calomnie, ou de l'erreur cruelle répandue sur sa conduite. On verra que la malveillance a surpris sur son compte la religion du comité révolutionnaire de Nantes.

Signé VARSAVAUX,
Patriote de Nantes, *détenu à Paris.*

De l'Imprimerie de BELIN, rue Jacques, N°. 27.
An II. de la République.